Marguerite

Anatole France

(Traducteur : J. Lewis May)

Writat

Cette édition parue en 2024

ISBN : 9789359942186

Publié par
Writat
email : info@writat.com

Contenu

LETTRE PRÉFATOIRE

Publiez Marguerite, cher Monsieur André Coq, si vous le désirez, mais je vous prie de me décharger de toute responsabilité en la matière.

Ce serait faire preuve d'une trop grande vanité littéraire de ma part si je voulais le remettre au jour. Cela serait peut-être encore plus argumenté si je m'efforçais de le garder dans l'obscurité. Vous ne parviendrez pas longtemps à l'arracher à l'oubli éternel auquel il est destiné. Oui, quel âge il a ! J'en avais perdu tout souvenir. Je viens de le relire, sans crainte ni faveur , comme je le ferais pour un ouvrage qui m'est inconnu, et il ne me semble pas avoir découvert un chef-d'œuvre. Il me semblerait mal d'en dire plus que cela. Mon seul plaisir en le lisant est venu de la preuve qu'il m'a apporté la preuve que, même dans ces jours lointains, où j'écrivais cette petite bagatelle, je n'étais pas un grand amoureux de la Troisième République avec ses vertus pincées, son impérialisme militariste, ses idées de conquête, son amour de l'argent, son mépris pour l'artisanat, sa prédilection indéfectible pour ce qui n'est pas beau. Ses dirigeants me causaient de terribles appréhensions. Et l'événement a dépassé mes appréhensions.

Mais il n'était pas dans mes calculs de me ridiculiser en prenant Marguerite comme un texte de généralisation sur la politique française de la fin du XIXe et du début du XXe siècle.

Les spécimens de caractères et les gravures sur bois que vous m'avez montrés promettent un petit livre très joli.

Croyez-moi, cher Monsieur Coq,

Cordialement,

Anatole France.

La Béchellerie , 16 avril 1920.

5 juillet

En quittant le Palais-Bourbon, à cinq heures de l'après-midi, mon cœur se réjouissait de respirer l'air ensoleillé. Le ciel était fade, la rivière luisait, le feuillage était frais et vert. Tout semblait murmurer une invitation au farniente. Le long du pont de la Concorde, en direction des Champs-Elysées, victorias et landaus défilaient. Dans l'ombre des capots baissés, des visages de femmes brillaient clairs et radieux et j'éprouvais un frisson de plaisir en les voyant défiler comme des espoirs s'évanouissant et réapparaissant à l'infini. Chaque femme sur son passage m'a laissé une impression de lumière et de parfum. Je pense qu'un homme, s'il est sage, ne demandera pas beaucoup plus que celui d'une belle femme. Une lueur et un parfum ! Beaucoup d'histoires d'amour laissent encore moins de choses derrière elles. D'ailleurs, ce jour-là, si la Fortune elle-même avait couru avec sa roue tournant sous mon nez sur le pavé du pont de la Concorde, je n'aurais pas même tendu le bras pour l'arracher par ses cheveux d'or. Je n'ai manqué de rien ce jour-là ; tout était à moi. Il était cinq heures et j'étais libre jusqu'à l'heure du dîner. Oui, c'est gratuit ! Libre de flâner à volonté, de respirer à mon aise pendant deux heures, de regarder les choses sans avoir à parler, de laisser mes pensées vagabonder au gré de mes envies. Tout était à moi, je le répète. Mon bonheur faisait de moi un homme égoïste. Je regardais tout autour de moi comme si tout cela n'était qu'une image, un splendide spectacle émouvant, arrangé pour mon propre plaisir particulier. Il me semblait que le soleil brillait pour moi seul, comme s'il déversait ses torrents de flammes sur la rivière pour ma plus grande satisfaction. Il me semblait que toute cette foule bigarrée grouillait gaiement autour de moi dans le seul but d'animer, sans détruire, ma solitude. C'est ainsi que j'ai presque eu l'impression que les gens autour de moi étaient tout petits, que leur taille apparente n'était qu'une illusion, qu'ils n'étaient que des marionnettes ; le genre de pensées qu'un homme a quand il n'a rien à quoi penser. Mais il ne faut pas être en colère à ce sujet contre un pauvre homme qui, depuis dix ans, a la tête pleine de politique et de législation et qui épuise sa vie avec ces préoccupations insignifiantes que les hommes appellent affaires d'État.

Dans l'imaginaire populaire, une loi est quelque chose d'abstrait, sans forme ni couleur . Pour moi, une loi, c'est une table en feutrine verte, de la cire à cacheter, du papier, des stylos, des taches d'encre, des bougies aux tons verts, des livres reliés en veau, des papiers encore humides de l'imprimerie et tout sentant l'encre d'imprimerie, des conversations dans des bureaux au papier vert. , des dossiers, des liasses de documents, une odeur étouffante, des discours, des journaux ; une loi, en un mot, c'est les cent et une choses, les cent et une tâches que l'on a à accomplir à toute heure, les heures grises et douces du matin, les heures blanches du milieu de la journée, les heures violettes du soir, les heures heures de nuit silencieuses et méditatives ; des tâches qui ne vous laissent aucune âme à laquelle vous appartenir et vous privent de la conscience de votre propre identité.

Oui, c'est vrai. Là , j'ai laissé mon propre *ego* derrière moi. Il est éparpillé parmi toutes sortes de notes et de rapports. De jeunes commis industrieux en ont rangé une parcelle dans chacune de leurs belles valises vertes. J'ai donc dû continuer à vivre sans mon *ego* , ce qui est d'ailleurs ainsi que doivent vivre tous les hommes politiques . Mais un *ego* est une chose étrangement subtile. Et merveille des merveilles ! le mien m'est revenu tout à l'heure sur le pont de la Concorde. C'était bien lui, sans aucun doute, et, le croiriez-vous, il n'avait pas tant souffert de son séjour parmi ces journaux moisis. Dès son arrivée, je me suis retrouvé, j'ai reconnu ma propre existence, dont je n'avais pas eu conscience depuis dix ans. « Haha ! » me disais-je, puisque j'existe, je suis tout aussi content de le savoir. Voici que je vais partir ici et maintenant pour améliorer cette nouvelle connaissance en me promenant, l'esprit amoureux dans le cœur, sur les Champs-Elysées.

Et c'est pourquoi je suis ici, à cette heure, sous les coursiers sculptés de Marly, plus fougueux que ces quadrupèdes aristocratiques eux-mêmes ; c'est pourquoi je mets le pied dans l'avenue dont l'entrée est marquée par leurs sabots de pierre perpétuellement en suspens dans l'air. Les voitures défilent sans fin, comme un sombre ruisseau scintillant de lave ou d'asphalte en fusion, sur lequel les chapeaux des femmes semblent emportés comme autant de fleurs, et comme tout ce qu'on voit à Paris, à la fois extravagant et joli. J'allume un cigare et, ne regardant rien, je vois tout. Ma joie est si intense qu'elle me fait peur. C'est le premier cigare que je fume depuis dix ans. Oh oui, j'avoue que j'en ai commencé jusqu'à dix par jour dans ma chambre ; mais ceux que j'ai brûlés, mordus, mâchés et jetés ; Je ne les ai jamais fumés. Celui-ci, je le fume vraiment et véritablement et la fumée qu'il exhale est un nuage de poésie qui répand grâce et charme autour de lui. Quel intérêt je porte à tout ce que je vois. Ces petites boutiques, qui étalent à intervalles réguliers leur assortiment hétéroclite de marchandises, me ravissent. En voici surtout un que je ne peux m'empêcher de m'arrêter pour regarder. Ce que j'aime surtout contempler, c'est une carafe contenant de la limonade. La carafe reflète en miniature sur ses faces polies les arbres qui l'entourent, les femmes qui passent et les cieux. Il y a un citron dessus qui lui donne une sorte d'air oriental. Cependant, ce n'est ni sa forme ni sa couleur qui font l'attrait à mes yeux ; Je ne peux pas détourner mon regard car cela me rappelle mon enfance. A sa vue, d'innombrables scènes délicieuses se pressent dans ma mémoire. Je revois ces heures brillantes, ces heures divines de la petite enfance. Ah, que ne donnerais-je pas pour redevenir le petit garçon d'alors et boire encore une fois un verre de ce précieux liquide !

Dans cette petite boutique, je retrouve, outre la limonade et le sirop de groseille, toutes ces diverses choses qui ont fait le bonheur de mon enfance. Voici des fouets, des trompettes, des épées, des fusils, des cartouchières, des ceintures, des fourreaux, des sabretaches, tous ces jouets magiques qui, de cinq à neuf ans, me faisaient sentir que j'accomplissais la destinée d'un Napoléon. J'ai joué ce puissant rôle , dans mon équipement de soldat à dix sous, je l'ai joué du début à la fin, ne m'arrêtant qu'à Waterloo et aux années d'exil. Car, remarquez-le, j'ai toujours été le vainqueur. Ici aussi, des tirages colorés d' Épinal . C'est sur eux que j'ai commencé à épeler les signes qui, aux érudits, révèlent quelques légères traces de la Grande Énigme. Oui, le plus triste petit barbouillage coloré qui soit jamais sorti d'un village des Vosges est constitué d'imprimés et d'images, et qu'est-ce que la somme et la substance de la Science après tout, sinon seulement des images et des imprimés ?

De ces estampes d'Épinal , j'ai appris des choses bien plus belles et plus utiles que tout ce que j'ai jamais appris des petits livres de grammaire et d'histoire que mes maîtres d'école m'ont donné à étudier. Les estampes d'Épinal , voyez-vous, sont des histoires, et les histoires sont les miroirs du destin. Bienheureux l'enfant qui est élevé dans les contes de fées. Ses années de maturité devraient s'avérer riches en sagesse et en imagination. Et voyez ! voici mon histoire préférée , *The Blue Bird* . Je le connais à sa queue déployée. C'est qu'il a raison. C'est tout ce que je peux faire pour m'empêcher de jeter mes bras autour du cou de la vieille commerçante et d'embrasser ses joues flasques. L'Oiseau Bleu, ah moi, quelle dette je lui dois ! Si j'ai déjà fait du bien dans ma vie, c'est grâce à lui. Chaque fois que nous rédigions un projet de loi avec notre chef, le souvenir de l'Oiseau Bleu s'infiltrait dans mon esprit au milieu des monceaux de documents juridiques et parlementaires qui m'encombraient. Je pensais alors que l'âme humaine contenait des désirs infinis, inimaginables. métamorphoses et douleurs sacrées, et si, sous le charme de telles pensées, je donnais à la clause, je parvenais à m'engager dans un sens plus ample, plus humain , un respect supplémentaire pour l'âme et ses droits, et pour l'ordre universel des choses. , cette clause ne manquerait jamais de rencontrer une vigoureuse opposition à la Chambre. Les conseils du Blue Bird ont rarement prévalu au stade du comité. Certains ont cependant réussi à passer au Parlement.

Je m'aperçois maintenant que je ne suis pas le seul à inspecter la petite échoppe : une petite fille s'est arrêtée devant le brillant étalage. Je la regarde par derrière. Ses cheveux longs et brillants tombent en cascade sous sa capuche en velours rouge et s'étalent sur son large col en dentelle et sur sa robe de la même couleur que sa capuche. Impossible de dire quelle est la couleur de ses cheveux (il n'y a pas de couleur si belle) mais on peut en décrire les lumières ; ils sont brillants, purs et changeants, beaux comme les rayons du soleil, pâles comme la lumière des étoiles. Bien plus, ils brillent, oui ; mais ils coulent aussi. Ils possèdent la splendeur de la lumière et le charme des eaux agréables. Il me semble que, si j'étais poète, j'écrirais sur ces tresses autant de sonnets que M. José Maria de Heredia en a composé sur les conquérants de Castille-d'Or. Ils ne seraient pas si beaux, mais ils seraient plus doux. L'enfant, autant que je puisse en juger, a entre quatre et cinq ans. Tout ce que je vois de son visage, c'est le bout de son oreille, plus délicat que le plus délicat bijou, et la courbe innocente de sa joue. Elle ne bouge pas ; elle tient son cerceau dans sa main gauche ; sa droite est à ses lèvres comme si elle se rongeait les ongles dans sa contemplation avide. Qu'est-ce qu'elle regarde avec tant d'envie ? La boutique contient d'autres choses que les armes et l'équipement des combattants. Des balles et des cordes à sauter sont suspendues à l'auvent. Sur l'étal, des poupées aux corps en carton gris, souriantes à la manière des idoles, monstrueuses et sereines comme elles. De petites poupées à six sous, habillées en servantes, étendent les bras, des petits bras trapus si fragiles que le moindre souffle d'air les fait trembler. Mais la petite bonne dont les cheveux sont faits de lumière liquide n'a pas d'yeux pour ces poupées et marionnettes. Son âme entière est accrochée aux lèvres d'une belle poupée qui semble l'appeler sa maman. Il est accroché tout seul à l'un des poteaux de la cabine. Il domine, il efface tout le reste. Une fois que vous l'avez vu, vous ne voyez plus rien d'autre que lui.

Tout droit dans ses écharpes chaudes, un petit duvet de cygne sous le menton, il tend ses petits bras potelés pour que quelqu'un le prenne. Il parle directement au cœur de la petite bonne. Il l'attire par tous ses instincts maternels. Il est enchanteur. Son visage a trois petits points, deux noirs pour les yeux et un rouge pour la bouche. Mais ses yeux parlent, sa bouche vous invite. Il est vivant.

Les philosophes sont une race insouciante. Ils passent devant des poupées sans même y penser. Pourtant la poupée est plus que la statue, plus que l'idole. Il trouve son chemin jusqu'au cœur de la femme, bien avant qu'elle ne soit une femme. Cela lui donne les premiers frissons de la maternité. La poupée est une chose auguste. Pourquoi un de nos grands sculpteurs n'aurait-il pas la gentillesse de prendre la peine de modeler des poupées dont les traits, s'animant sous ses doigts, raconteraient la sagesse et la beauté ?

se réveille enfin de sa rêverie silencieuse. Elle se retourne et montre ses yeux violets agrandis encore par l'émerveillement, son nez qui fait sourire à le regarder, son petit nez, tout blanc, qui rappelle celui noir d'un petit carlin, sa bouche solennelle, son nez galbé mais galbé. menton trop délicat, joues trop pâles. Je la reconnais. Oh oui! Je la reconnais avec cette certitude instinctive qui est plus forte que toutes les convictions appuyées par toutes les preuves imaginables. Oh oui, c'est elle, c'est bien elle et tout ce qui reste de la plus charmante des femmes. J'essaie de m'enfuir mais je ne peux pas la quitter. Ces cheveux d'or vivant, ce sont les cheveux de sa mère ; ces yeux violets, ce sont ceux de sa mère ; Oh, enfant de mes rêves, enfant de mon désespoir ! J'ai envie de te rassembler dans mes bras, de te voler, de t'emporter.

Mais une gouvernante s'approche, appelle l'enfant et l'entraîne : « Viens, Marguerite, viens, il est temps de rentrer. »

Et Marguerite, jetant un regard d'adieu triste au bébé aux bras tendus, suit à contrecœur les traces d'une grande femme vêtue de noir avec des plumes d'autruche dans son chapeau.

10 juillet

« Jean, apportez-moi le dossier 117... Alors, monsieur Boscheron , finissons cette circulaire. Notez ceci : *J'attire tout particulièrement votre attention, Monsieur le Préfet , sur le point suivant. Il faut mettre fin le plus tôt possible à un abus qui, s'il persistait, tendrait à... tendrait à... J'attire spécialement votre attention sur le point suivant, M. le Préfet . Il faut mettre fin au plus vite à un abus .* Notez cela, monsieur Boscheron .

Mais M. Boscheron , mon secrétaire, remarque respectueusement que je continue à dicter la même phrase. Jean dépose avec déférence un dossier sur ma table.

"Qu'est-ce que c'est, Jean?"

"Dossier numéro 117. Vous m'avez demandé de le récupérer, monsieur."

« Je vous ai demandé le dossier numéro 117 ?

"Oui Monsieur."

Jean me lance un regard inquiet et se retire.

« Où étions-nous, monsieur Boscheron ?

« Il faut mettre fin au plus vite à un abus . . . . »

« C'est vrai... *un abus qui tendrait à diminuer le respect populaire envers les fonctionnaires et à transformer ...* transformer, quelle richesse de choses cachées ce mot recèle. Je ne peux même pas le prononcer mais un monde d'idées et de sentiments viennent pêle-mêle envahir les recoins secrets de mon être. — Je vous demande pardon, monsieur ? « Qu'avez-vous dit, monsieur Boscheron ? « Veuillez répéter, monsieur ; Je ne vous ai pas vraiment suivi.

« Vraiment, monsieur Boscheron ? Peut-être que je n'ai pas été très clair. Bien bien! nous nous arrêterons là si vous le souhaitez. Donnez-moi ce que j'ai dicté, je le terminerai moi-même.

M. Boscheron me donne ses notes, rassemble ses papiers, s'incline et se retire. Resté seul dans mon bureau, je me mets à examiner le papier peint avec une sorte de minutie idiote. Il a l'aspect d'un feutre vert avec ici et là une tache jaune ; Je commence à dessiner des petits hommes sur mon papier ; Je fais un effort pour écrire ; car en effet, mon chef a demandé trois fois la circulaire et a promis aux députés du gouvernement qu'elle irait immédiatement aux préfets. Je suis obligé de le lui laisser. Je commence à le lire entièrement : *diminuer le respect populaire pour les fonctionnaires et les transformer* . Je fais une tache ; puis avec ma plume je le décore de cheveux. Je le transforme en comète. Je rêve des tresses de Marguerite. L'autre jour, sur les Champs-Elysées, de petits filaments d'or, de petites spirales délicates se détachaient du reste de ses gracieuses tresses, avec un éclat singulier. Vous pouvez en voir des semblables dans des miniatures du XVe siècle, ainsi que dans certaines d'époques antérieures. Dante dit dans sa *Vita Nuova* : « Un jour où j'étais occupé à dessiner des têtes d'anges. . .» Et voilà que j'essaie de dessiner des têtes d'anges sur une circulaire gouvernementale. Allons, maintenant, nous devons nous y mettre : *les fonctionnaires et les transformer — les transformer*. . . Comment se fait-il que je ne puisse tout simplement pas écrire un seul mot après ça ? Comment se fait-il que je rêve encore ici, comme je le fais depuis que j'ai retrouvé mon *ego* sur le pont de la Concorde, ce soir-là du beau coucher de soleil ? Transformer, ai-je dit ? Ô Dieu du mystère, de la nature, de la vérité, si celle dont, même maintenant, après quatre ans, je n'ose prononcer le nom, si elle mourait en donnant la vie à Marguerite, je croirais, je saurais avec la certitude de l'instinct, que l'âme de la la mère est passée dans la fille et qu'ils sont un seul et même être.

1er novembre

Tout va bien. J'ai encore perdu mon *ego* . Il est revenu aux dossiers de dépôt vert. Le numéro 117 en contient une bonne partie. J'ai terminé ma circulaire. Il est rédigé dans un bon style officiel. Nous avons un beau projet de loi à adopter avant les vacances. Mon chef prend la parole tous les jours à la Chambre. Chaque soir, je corrige les épreuves de ses discours. Si l'Oiseau Bleu vient me voir de temps en temps dans la petite salle du Palais Bourbon, c'est simplement pour me conseiller d'atténuer une expression un peu trop forte et il ne s'adresse jamais à mon imagination. Je ne sais pas si je vis heureux ou malheureux puisque je ne sais pas du tout si je vis. Je ne reconnais même pas mes propres vêtements. J'ai ramassé tout à l'heure le chapeau du comte de Mérodac et je l'ai porté pendant trois jours sans le savoir, et pourtant c'est une sorte de sombrero romantique que personne ne porte aujourd'hui, sauf ce vieux noble. J'ai fait une figure stupéfiante, m'a-t-on dit, mais je ne m'en suis jamais rendu compte moi-même et, si par hasard je l'avais fait, je n'aurais pas dû faire attention à ce que j'ai vu, car cela n'avait rien à voir avec la politique. Je ne suis plus une personne ; Je fais partie de la machine officielle. Ce soir, je n'ai ni épreuves à corriger, ni réception officielle à assister. J'ai mis mes pantoufles. Il y a toujours un tout petit peu de mon *ego* caché dans ces pantoufles. Je suis dans ma chambre assis près du feu et j'ai conscience d'être là. Par le ciel, je me demande si je devrais me connaître dans le verre. Regardons. Hum! pas si grave... Je ne pensais pas avoir l'air si grave et respectable. Je vois bien qu'il faudra que je me prenne au sérieux. J'y ai réfléchi pendant longtemps, mais ce n'était pas à moi de commencer.

Je suis un homme de poids et je me considère comme tel. Mais hélas, je ne le sais pas moi-même. Et je ne suis pas impatient d'acquérir la connaissance ; ce serait une affaire fastidieuse. Non, je n'ai pas la moindre envie de converser avec le monsieur grave et glacial qui imite tous mes mouvements. En revanche, si j'osais, quels moments heureux j'aurais avec ce petit bonhomme dont je vois là la miniature dans ce médaillon accroché au cadre du miroir. Il construit une maison avec des dominos. Quel gentil petit gars. J'ai envie de l'appeler et de lui dire "Allons jouer ensemble, d'accord ?" Mais, hélas, il est loin, très loin. Ce petit garçon, c'est moi-même tel que j'étais il y a quarante ans. Il est mort, aussi mort que si j'étais allongé sous le gazon, enfermé dans un cercueil de plomb. Car qu'avons-nous de commun, lui et moi ? En quoi survit-il en moi aujourd'hui ? En quoi mon château de cartes ressemble-t-il à sa tour de dominos ?

Nous disons que nous vivons, nous autres êtres misérables, parce que nous mourons encore et encore.

Je me souviens, il est vrai, que je jouais à mes jeux du soir, à quelle heure ma mère était assise à table et me regardait, de temps en temps, avec un regard plein de cette belle et simple tendresse qui fait adorer la vie. , bénisse Dieu et donne assez de courage pour mener une vingtaine de batailles. Ah oui, souvenirs sacrés, je vous garderai dans mon cœur comme un baume précieux qui, jusqu'à la fin de mes jours, aura le pouvoir d'apaiser toute amertume et d'adoucir l'agonie même de la mort. Mais l'enfant que j'étais alors survit-il en moi aujourd'hui ? Non, il m'est étranger ; Je sens que je peux l'aimer sans égoïsme et pleurer pour lui sans manque de virilité. Il est mort et a emporté avec lui mes innocentes simplicités et mes espoirs sans limites. Nous mourons tous dans des langes. La petite Marguerite, cette délicieuse image de la vie qui se déroule, combien de fois n'est-elle pas morte et quelle profondeur de souvenirs irrévocables, quel tombeau de pensées et d'émotions mortes n'a-t-elle pas déjà été creusée en elle, bien qu'elle n'ait que cinq ans. Moi, étrangère, passante, je connais mieux sa vie qu'elle et, par conséquent, je suis plus véritablement elle qu'elle-même. Après cela, laissez celui qui veut parler du sentiment d'identité et de la conscience de soi.

Oh, gracieux Ciel, que sommes-nous, les mortels, et dans quel abîme de terreurs nous plongerions à jamais si nous avions seulement le temps de réfléchir, au lieu de faire des lois ou de planter des choux. J'ai envie d'enlever mes pantoufles et de les jeter par la fenêtre, car elles m'ont rappelé à la conscience de mon existence. Nos vies ne sont supportables que si nous n'y pensons pas.

5 juillet

Il y a un an aujourd'hui, je rencontrais devant un magasin de jouets des Champs-Elysées cette petite fille, l'enfant de celle qui, la première, a éveillé en moi le sens de la beauté.

J'étais heureux avant de la voir; mais la poésie du vaste monde m'était inconnue, et je n'avais pas non plus l'expérience des joies douloureuses de l'amour. La première fois que j'ai vu Marie, c'était un vendredi saint, lors d'un concert classique auquel son père, un vieux diplomate passionné de musique, qui avait entendu les plus beaux orchestres de toutes les cours d'Europe, l'avait conduite vêtue de majestueuses herbes de couleur noire solennelle. . Son costume de deuil ne faisait qu'accentuer sa beauté radieuse. Sa vue éveilla en moi des sentiments qui ressemblaient, je pense, à de l'exaltation religieuse. Je n'étais plus très jeune. L'incertitude de ma position dans le monde, alors dépendante des vicissitudes d'un parti politique, combinée à ma timidité naturelle pour me priver de tout espoir de figurer comme un prétendant réussi. Je la voyais souvent chez son père et elle me traitait avec un air d'amabilité ouverte qui ne m'encourageait pas à de plus hautes ambitions. Il était clair que je ne l'impressionnais pas comme étant le genre d'homme dont elle pouvait tomber amoureuse. Quant à moi, sa vue et le son de sa voix produisaient en moi un tel état d'agitation délicieuse que le simple souvenir, mêlé de douleur, suffit encore à me rendre amoureux de la vie.

Cependant, dois-je l'avouer ? J'avais envie de l'entendre et de la voir toujours ; J'aurais été ravi de mourir à ses côtés, mais je n'ai jamais eu envie de l'épouser. Non, un instinct d'harmonie tenait le désir éloigné de mon cœur. « Ce n'était pas de l'amour alors », dira quelqu'un . Je ne sais pas ce que c'était, mais je sais que cela a rempli mon âme.

Il est évident cependant que les sentiments que j'ai éprouvés ne peuvent avoir été étrangers au cœur de l'homme, puisque je les ai trouvés exprimés avec puissance et douceur dans les œuvres des poètes, chez Virgile, chez Racine et chez Lamartine. Ils ont exprimé les émotions que je ressentais. Je ne pouvais pas briser le silence. Les miracles opérés dans mon âme par cette jeune fille resteront à jamais révélés. Pendant deux ans, j'ai vécu une vie enchantée ; puis, un jour, elle m'a dit qu'elle allait se marier. Mes sentiments, comme je l'ai dit, ressemblent beaucoup à une émotion religieuse. Ils sont tristes, mais dans leur tristesse ils conservent encore leur charme. Le chagrin ne les corrompt pas. De la souffrance, ils tirent une amertume salutaire qui leur donne de la force. Je l'écoutais avec ce doux courage qui accompagne le renoncement. Elle épousait un homme plus âgé que moi, veuf, presque vieux, dont la naissance et la fortune l'avaient désigné pour la carrière publique dans laquelle il avait montré un caractère hautain et beaucoup de courage déplacé. Même si j'évoluais dans une sphère inférieure, je suis entré en contact avec lui à plusieurs occasions importantes. J'appartenais à un groupe politique dont les vues étaient très semblables aux siennes, mais nous n'avions jamais pu nous rencontrer sans frictions considérables et, bien que les journaux nous traitaient avec la même approbation ou, comme c'était le plus souvent le cas, avec la même hostilité, nous n'étions pas amis, loin de là, et nous nous évitions avec soin.

J'étais présente au mariage. J'ai vu et je verrai toujours Marie, vêtue de sa robe blanche et de son voile de dentelle. Elle était un peu pâle et très jolie. J'ai été frappé, sans raison apparente, par l'impression de fragilité avec laquelle semblait donner cette fille animée d'une âme si poétique. Cette impression, qui, je crois, n'est venue à l'esprit de personne d'autre que moi-même, n'était que trop fondée. Je n'ai jamais revu Marie.

Elle décède après trois ans de vie conjugale, laissant une petite fille âgée de dix mois. Un sentiment indescriptible de tendre affection m'a toujours attiré vers cette enfant, vers la Marguerite de Marie. Un désir invincible de la voir s'empara de moi.

Elle était élevée à... près de Melun, où son père possédait un château au milieu d'un parc magnifique. Un jour, je suis allé à... et j'ai erré pendant des heures, comme un voleur, dans les limites du parc . Enfin, à travers une trouée des arbres, j'aperçus Marguerite dans les bras de sa nourrice, vêtue de noir. Elle portait un chapeau à plumes blanches et une pelisse brodée. Je ne peux pas dire en quoi elle différait des autres enfants, mais je pensais qu'elle était la plus belle du monde. C'était l'automne. Le vent qui soupirait dans les arbres faisait tournoyer par petits tourbillons les feuilles mortes qui flottaient vers la terre. Des feuilles mortes couvraient toute la longue avenue dans laquelle on promenait le petit enfant en robe blanche. Une immense tristesse s'est emparée de moi. Au bord d'un parterre de fleurs blanches comme les vêtements de Marguerite, un vieux jardinier qui ramassait les feuilles mortes saluait sa petite maîtresse d'un sourire et, la main sur son râteau et son chapeau à la main, lui parlait avec la douce gaieté des vieillards qui ne sont pas accablés de pensées. Mais elle ne lui prêta aucune attention. De sa petite main semblable à une étoile, elle cherchait le sein de sa nourrice. Alors que je m'éloignais le chagrin au cœur, l'infirmière reprit sa marche et j'entendis le bruit des feuilles mortes qui soupiraient tristement sous ses pas.

10 juillet

Le président de la Chambre se lève et dit : « La motion proposée par MM. ———— et ———— est mise aux voix. »

Le Premier ministre, sans quitter son siège, déclare : « Le gouvernement n'approuve pas la motion ».

Le Président sonne et dit : « Un scrutin est demandé. Un scrutin sera donc organisé. Ceux qui sont en faveur de la motion de MM. ———— et ———— devront déposer un papier blanc dans l'urne ; ceux qui sont contre, un papier bleu.

Il y eut un grand mouvement dans la salle. Les députés se déversèrent en foule désordonnée dans les couloirs, tandis que les huissiers faisaient circuler l'urne de métal blanc le long des gradins. Les couloirs étaient remplis de bruits de pas traînants, de cris et de gesticulations. Des jeunes gens à l'air grave et des vieillards excités passaient. L'air était percé du son de voix appelant des chiffres :

"Onze voix."

"Non, neuf."

"Ils sont en cours de contrôle."

"Huit contre."

"Non pas du tout; huit pour.

" Quoi, l'amendement est adopté ? "

"Oui."

« Le gouvernement est battu ?

"Oui."

"Ah!"

La cloche du Président se fait entendre dans les couloirs.

Petit à petit, la salle se remplit à nouveau.

Le Président debout, un papier à la main, sonne une dernière fois sur sa sonnette et dit :

« Voici le résultat du scrutin sur la motion proposée par MM. ———— et ————. Nombre de voix 470 ; pour la motion 239 ; contre 231. La motion est adoptée.

Il y a une immense sensation. Les ministres se lèvent et quittent leur place. Deux ou trois amis leur serrent timidement la main. C'est fini, ils sont battus. Ils coulent et moi avec eux. Je ne compte plus. Je m'y décide. Dire que je suis heureux serait aller trop loin. Mais cela signifie la fin de mes soucis, de mes tracas et de mes efforts. J'ai retrouvé ma liberté, mais pas volontairement. Le repos et la liberté, je les ai retrouvés, mais c'est à ma défaite que je les dois. Défaite honorable , il est vrai, mais douloureuse tout de même, car nos idées souffrent avec nous-mêmes. Combien de choses sont impliquées dans notre chute, hélas. L'économie, la sécurité publique, la tranquillité de conscience et cet esprit de prudence, cette continuité de politique qui fait la force d'une nation. Je m'empressai de serrer la main du chef de mon département, fier d'avoir rendu de fidèles services à un si honnête chef. Puis, me frayant un chemin à travers la foule rassemblée autour de l'enceinte du Palais Bourbon, je traversai la Seine et me dirigeai lentement vers la Madeleine. En haut du boulevard, il y avait un tumulus de fleurs dressé le long du trottoir . Entre les deux fûts se trouvait une jeune fille qui préparait des bouquets de violettes. Je suis allé vers elle et lui ai demandé un tas. J'ai alors vu une petite fille de quatre ans assise sur le tumulus au milieu des fleurs. Avec ses petits doigts, elle essayait de faire des grappes comme sa mère. Elle leva la tête à mon approche et, avec un sourire, me tendit toutes les fleurs qu'elle avait dans les mains. Quand elle me les eut tous donnés, elle envoya des baisers.

J'étais extrêmement flatté. « Il faut que j'aie un regard bienveillant sur moi, me disais-je, pour qu'un enfant me sourie ainsi pour me souhaiter la bienvenue. Quel est ton nom?" Je lui ai demandé.

«Marguerite», répondit sa mère.

Il était six heures et demie. Il y avait un vendeur de journaux pas loin. J'ai acheté un journal. Dès que j'y ai jeté un coup d'œil , j'ai vu que j'allais me faire perruquer. Le rédacteur politique, après avoir qualifié mon chef d'individu de mauvais augure, a parlé de moi aussi, à la première page, comme d'une créature sinistre. Mais après les baisers de Marguerite, je n'en revenais pas. J'éprouvais à la fois une légèreté et une sorte de vide dans le cœur ; à la fois heureux et triste.

Une semaine plus tard, je me trouvais en route vers ——— près de Melun, où j'avais pris une petite maison à côté de l'éducation du Château de Marguerite. C'était à mes yeux la région la plus belle du monde.

Alors que nous approchions de la gare, j'ai regardé par la fenêtre de la voiture. La rivière d'argent coulait en courbes gracieuses entre les saules, jusqu'à disparaître de la vue. Mais longtemps après qu'il fut perdu de vue, on put deviner son parcours aux rangées de peupliers qui bordaient ses berges. Une girouette et deux tours visibles au milieu des arbres marquaient l'emplacement de la ville. Alors je me suis exclamé : « Voici mon lieu de repos, c'est ici que je poserai ma tête. »

25 juillet

La promenade que j'aime le plus est celle de Saint-Jean, car là, à une centaine de mètres de la ville, il y a un petit bois, ou plutôt un petit bouquet à moitié sauvage de charmes, d'érables, de tilleuls et de lilas, un bouquet qui murmure dans la brise. Dès le premier jour où je l'ai découvert, j'ai ressenti son charme. J'ai décidé de lui faire l'amour ; Je résolus de le connaître arbre par arbre, d'en rechercher les plantes les plus humbles, ses vesces, ses saxifrages, et de voir s'il n'y avait pas de sceau de Salomon poussant à l'ombre des grands arbres. J'ai tenu parole et je commence maintenant à faire connaissance avec la flore et la faune de mon petit bois. J'étais aujourd'hui allongé sur l'herbe depuis une heure, un livre à la main, lorsque j'entendis quelqu'un pleurer d'une voix faible. J'ai levé les yeux et j'ai vu une petite fille debout à côté d'un homme âgé et qui pleurait. L'homme était indéniablement âgé. Son visage était long et pâle. Il y avait une expression de tristesse dans ses yeux et sa bouche tombait tristement. Il avait une corde à sauter à la main et regardait fixement l'enfant. Puis il se détourna pour essuyer une larme de sa joue. C'est alors que je le vis de face et que je vis que c'était le père de Marguerite. J'ai été choqué par le grand changement que la maladie et le chagrin avaient opéré dans son air hautain. Le désespoir était gravé sur son visage et il semblait appeler à l'aide.

Je me suis approché de lui et, en réponse à ma proposition de l'aider de toutes les manières possibles, il m'a expliqué avec un certain embarras qu'une balle avec laquelle jouait sa petite fille s'était coincée dans un arbre et que son bâton, qu'il avait jeté pour le déloger, s'était emmêlé dans les branches. Il était à bout de nerfs.

Quelques années auparavant, ce même homme avait contourné la politique anglaise et donné une vigoureuse impulsion à la diplomatie française en Europe. Puis il tomba avec honneur et fut suivi dans sa retraite par une impopularité profonde mais honorable . Et maintenant, voici, ses pouvoirs ne sont pas à la hauteur de la tâche consistant à déloger une balle d'un arbre. Telle est la fragilité de l'homme. Quant à sa fille, la fille de Marie, une sorte de pressentiment m'interdisait de la regarder en face. Et puis, quand enfin je la regardai, je ne pus m'arracher à un objet de contemplation si douloureux. Elle n'était plus la petite enfant rose et blanche que j'avais vue sur les Champs-Elysées ; elle était devenue plus grande et plus mince, et son visage était pâle comme un cierge. Ses yeux alanguis étaient cernés de cernes bleus. Et ses tempes. . . quelle main invisible avait posé sur ses tempes ces deux tristes violettes ?

"Là! là! là!" s'écria le vieillard en étendant un bras tremblant qui pointait sans but dans toutes les directions.

La première chose à faire était de l'aider. Au moyen d'une pierre que je lançai dans l'arbre, je parvins bientôt à faire tomber la balle. X . . . assisté à sa chute avec un plaisir enfantin. Il ne m'avait pas reconnu. Je m'enfuis précipitamment pour lui épargner la peine de me remercier et moi-même l'angoisse de voir le changement qui s'était opéré chez la fille de Marie.

10 août

Je sors rarement. Je ne suis plus ému par la beauté des choses. Ou, pour parler plus exactement, les aspects les plus agréables et les plus splendides de la nature me font souffrir. Toute la journée, je salis feuille après feuille de papier et j'égare les heures fastidieuses avec les souvenirs à moitié effacés de mon enfance. Ce que j'écris sera brûlé. J'aurais honte que des pages tachées de larmes et hantées de rêves tombent sous les yeux de gens graves et sobres. Que verraient-ils en eux ? Rien que des visages enfantins.

20 août

Aujourd'hui , je suis allé me promener au bord de la rivière dans les eaux bleues de laquelle se reflètent les saules et les maisons qui bordent ses rives. Il y a un charme séduisant dans les eaux courantes. Ils emportent avec eux tous ces oisifs qui aiment rêver.

La rivière m'attira jusqu'au château de... qui avait vu les fiançailles et la mort de Marie, et la naissance de Marguerite. Mon cœur sonna le glas en revoyant cette paisible demeure qui, malgré les scènes de douleur qui se déroulent dans ses murs, ne parle, avec sa façade à piliers blancs, que d'une opulence élégante et d'un repos luxueux. J'étais tellement bouleversé que, pour ne pas tomber, je m'accrochais aux barreaux de la grille du parc et regardais les larges pelouses qui s'étendaient jusqu'au perron que le bas de la robe de Marie avait si souvent embrassé. J'étais là depuis quelques minutes lorsque le portail s'est ouvert et X... est sorti.

Cette fois encore, il était accompagné de son enfant : mais cette fois, elle ne marchait pas. Elle était allongée dans une poussette poussée par une gouvernante. La tête appuyée sur un oreiller brodé, à l'ombre du capuchon baissé, elle ressemblait à une de ces petites images de cire de saint ou de martyr, ornées de filigranes d'argent, sur les blessures et les joyaux desquelles les religieuses d'Espagne ont l'habitude de se pencher dans la solitude. de leurs cellules.

Son père, élégamment vêtu, présentait un visage décoloré et taché de larmes. Il s'avança vers moi à petits pas hésitants, me prit par la main et me conduisit vers sa petite fille.

« Dis-moi, » dit-il sur le ton d'un enfant demandant une faveur , « tu ne penses pas qu'elle a changé depuis la dernière fois que tu l'as vue, n'est-ce pas ? C'était le jour où elle a lancé sa balle dans l'arbre.

La poussette que nous suivions en silence s'arrêta au Bois Saint-Jean. La gouvernante baissa le capot. Marguerite était allongée, la tête renversée, les yeux grands ouverts de terreur, et elle étendait les bras pour écarter quelque chose qu'on ne voyait pas. Oh, j'ai assez bien deviné de quelle main invisible il s'agissait. La même main qui avait touché la mère était maintenant posée sur l'enfant. Je suis tombé à genoux. Mais le fantôme s'en alla et Marguerite, levant la tête, se reposa paisiblement. J'ai cueilli quelques fleurs et les ai déposées avec respect à côté d'elle. Elle a souri. En la voyant revenir à la vie, je lui ai offert d'autres fleurs et je lui ai chanté, essayant de la séduire. L'air et le sentiment de bonheur qu'elle éprouvait maintenant lui rendaient ce désir de vivre qui l'avait abandonnée. Au bout d' une heure, ses joues étaient presque roses. Quand il fit frais et qu'il fallut ramener au château la petite enfant souffrante, son père me prit la main au moment où nous nous séparâmes et, la serrant, dit d'un ton suppliant :

« Revenez demain. »

21 août

Je suis revenu le lendemain. Sur les marches du château Empire , je rencontrai le médecin de famille. C'est un homme âgé et discret que l'on rencontre partout où il y a de la bonne musique à entendre. Il semble être un homme qui écoute perpétuellement les harmonies d'un concert intérieur. Il est à jamais sous le charme des sons et ne vit que de son oreille. Il est particulièrement connu pour son traitement des troubles nerveux. Certains disent que c'est un génie ; d'autres qu'il est fou. Il y a certainement quelque chose de particulier chez lui. Quand je l' ai vu , il descendait les marches ; ses pieds, ses doigts et ses lèvres bougeaient dans le temps selon une mesure complexe.

"Eh bien, docteur," dis-je avec un tremblement involontaire dans la voix, "et comment va votre petit patient ?"

"Elle veut vivre", répondit-il.

"Tu vas la tirer d'affaire pour nous, n'est-ce pas ?" Dis-je avec empressement.

"Je vous dis qu'elle veut vivre."

" Et vous pensez, docteur, que les gens vivent aussi longtemps qu'ils le veulent et que nous ne mourons qu'avec notre propre consentement ? "

"Certainement."

J'ai marché avec lui le long du chemin de gravier. Il s'arrêta un instant devant le portail, la tête baissée comme pour réfléchir.

« Certainement », répéta-t-il, « mais il faut qu'ils le veuillent vraiment et pas seulement qu'ils pensent qu'ils le veulent. La volonté consciente est une illusion qui ne peut tromper que le vulgaire. Les gens qui croient qu'ils veulent quelque chose parce qu'ils disent qu'ils le feront sont des imbéciles. Le seul véritable acte de volonté est celui auquel participent toutes les forces obscures de notre nature. Cette volonté est inconsciente, elle est divine. Cela façonne le monde. Grâce à elle, nous existons, et quand elle échoue, nous cessons d'être. Le monde *le veut* , sinon il n'existerait pas.

Nous avons continué quelques pas.

« Regardez, s'écria-t-il en frappant de son bâton l'écorce d'un chêne qui étendait au-dessus de nos têtes sa large canopée de branches grises, si cet homme là-bas n'avait pas voulu *grandir* , j'aimerais savoir quelle puissance pourrait le faire. je l'ai poussé à le faire.

Mais j'avais arrêté d'écouter.

« Vous avez donc l'espoir, lui dis-je enfin, que Marguerite… » . .»

Mais c'était un petit vieux têtu.

Il murmura en s'éloignant : « La Victoire suprême de la Volonté, c'est l'Amour. »

Et je me suis levé et je l'ai regardé partir à petits pas rapides, battant la mesure au son d'une mélodie qui lui trottait dans la tête.

Je retournai vite au château et retrouvai la petite Marguerite. Dès l'instant où je l'ai vue, j'ai réalisé qu'elle avait la volonté de vivre. Elle était encore très pâle et très maigre, mais ses yeux étaient plus colorés et moins grands, et ses lèvres, naguère si mortes et si silencieuses, étaient gaies de bavardages.

«Vous êtes en retard», dit-elle. « Viens ici, tu vois ! J'ai un théâtre et des acteurs. Jouez-moi un beau morceau. On dit que « Hop o' my Thumb » est sympa. Jouez « Hop o' my Thumb » pour moi.

Vous pouvez être sûr que je n'ai pas refusé. Cependant, j'ai rencontré de grandes difficultés dès le début de mon entreprise. Je fis remarquer à Marguerite qu'elle n'avait pour comédiens que des princes et des princesses, et qu'il nous fallait des bûcherons, des cuisiniers et un certain nombre de gens de toute sorte.

Elle réfléchit un instant puis dit :

« Un prince habillé en cuisinier ; celui-là ressemble à un cuisinier, tu ne trouves pas ?

"Oui je pense aussi."

"Eh bien, nous ferons de tous les princes que nous aurons des bûcherons et des cuisiniers."

Et c'est ce que nous avons fait. Ô Sagesse, quelle journée nous avons passée ensemble !

Bien d'autres semblables l'ont suivi à sa suite. J'ai vu Marguerite prendre de plus en plus la vie en main. Maintenant, elle va à nouveau très bien. J'ai eu part à ce miracle. J'ai découvert une infime partie de ce don dont les apôtres abondaient si abondamment lorsqu'ils guérissaient les malades par l'imposition des mains.

Note de l'éditeur.— J'ai trouvé ce manuscrit dans un train du chemin de fer du Nord . Je le donne au public sans aucune altération, sauf que, les noms étant ceux de personnes connues, j'ai cru bon de les supprimer.

Anatole France.